LES ODEURS
REPOUSSANTES ET DÉGOÛTANTES

Un livre de la collection
Les branches de Crabtree

Julie K. Lundgren

CRABTREE
Publishing Company
www.crabtreebooks.com

Soutien de l'école à la maison pour les parents, les gardiens et les enseignants

Ce livre très intéressant est conçu pour motiver les élèves en difficulté d'apprentissage grâce à des sujets captivants, tout en améliorant leur fluidité, leur vocabulaire et leur intérêt pour la lecture. Voici quelques questions et activités pour aider le lecteur ou la lectrice à développer ses capacités de compréhension.

Avant la lecture

- *De quoi ce livre parle-t-il?*
- *Qu'est-ce que je sais sur ce sujet?*
- *Qu'est-ce que je veux apprendre sur ce sujet?*
- *Pourquoi je lis ce livre?*

Pendant la lecture

- *Je me demande pourquoi...*
- *Je suis curieux de savoir...*
- *En quoi est-ce semblable à quelque chose que je sais déjà?*
- *Qu'est-ce que j'ai appris jusqu'à présent?*

Après la lecture

- *Qu'est-ce que l'autrice veut m'apprendre?*
- *Nomme quelques détails.*
- *Comment les photographies et les légendes m'aident-elles à mieux comprendre?*
- *Lis le livre à nouveau et cherche les mots de vocabulaire.*
- *Ai-je d'autres questions?*

Activités complémentaires

- *Quelle est ta section préférée de ce livre? Rédige un paragraphe à ce sujet.*
- *Fais un dessin représentant l'information que tu as préférée dans ce livre.*

TABLE DES MATIÈRES

NOTRE SENS DE LA PUANTEUR

Un animal tué sur la route qui pourrit au soleil. Du vomi de rapace. Des entrailles de poisson pourri. Ils pourraient tous remporter la médaille des pires odeurs au monde!

Notre cerveau apprend la signification des odeurs, ce qui nous aide à trouver de la nourriture et à éviter le danger.

Les mauvaises odeurs nous donnent des signaux, des avertissements et l'ordre de nous enfuir.

Comment notre sens de l'odorat se compare-t-il à celui des animaux? Très bien! Les humains peuvent sentir des millions et des millions d'odeurs différentes. Explorons des odeurs repoussantes et dégoûtantes!

Les éléphants d'Afrique, les ours, les urubus à tête rouge et les cobayes se fient tous à leur excellent sens de l'odorat.

Retiens ta respiration
La puanteur des toilettes sèches, avec leur mélange de rejets humains et de mouches, pourrait te faire lever le cœur.

UN PEU DÉRANGEANT

Certaines odeurs nous font tomber de notre chaise, alors que d'autres sont simplement désagréables. Une petite bouffée de ces odeurs te dérangerait-elle?

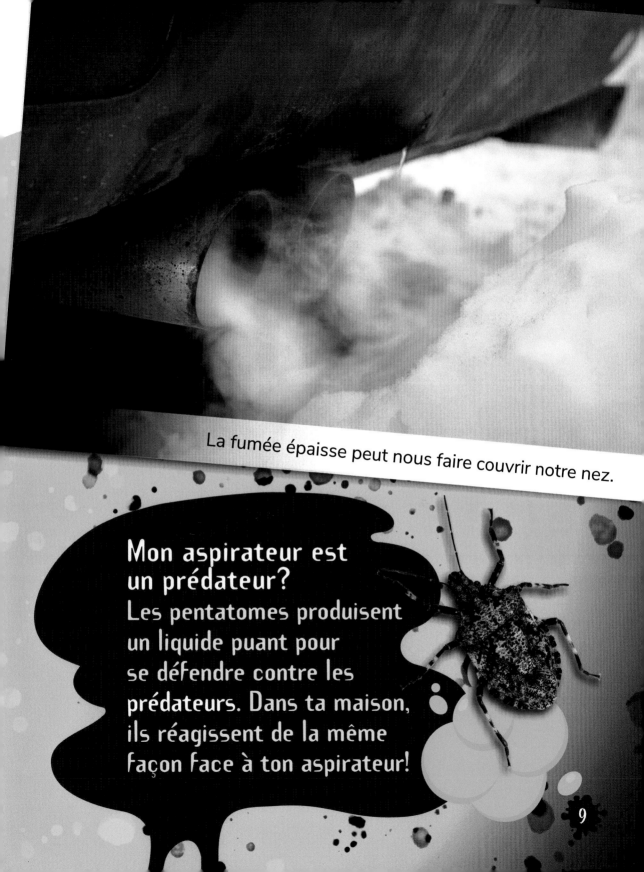

La fumée épaisse peut nous faire couvrir notre nez.

Mon aspirateur est un prédateur?
Les pentatomes produisent un liquide puant pour se défendre contre les prédateurs. Dans ta maison, ils réagissent de la même façon face à ton aspirateur!

La **moisissure** se développe partout où c'est humide. Ce champignon recouvre les feuilles en décomposition, les pages des livres et les vêtements.

La moisissure ressemble à une poudre blanche ou grise qui se développe sur une surface.

Suis ton flair
La puanteur des vieilles chaussettes de sport est généralement produite par le développement de la moisissure.

Les aliments en putréfaction produisent une mauvaise odeur. Notre nourriture commence à se décomposer très rapidement. Quand le temps passe, elle peut devenir impropre à la consommation. L'odeur est un bon indice!

Jette le lait sûr, la viande verte et le pain poilu!

La fatigue du nez?

Pourquoi les odeurs semblent-elles fortes au début, puis on ne les remarque presque plus après un certain temps? Notre nez cesse de porter attention aux odeurs après une courte période et ne détecte que les nouvelles odeurs.

13

Ce qui sent mauvais pour une personne peut ne pas déplaire à une autre. Ces odeurs te dérangent-elles?

- Beurre d'arachides frais
- Melons et bananes mûrs
- Ketchup
- Chien mouillé

Pourquoi les chiens mouillés sentent-ils mauvais?

Il y a des levures, des particules de crotte et des bactéries dans leur fourrure. Quand elle est mouillée, ces odeurs deviennent plus fortes.

ÉVACUEZ LA SALLE!

Qu'est-ce qui est noir et blanc et pue? Les moufettes! Leurs bandes noires et blanches rappellent aux autres animaux leur superpouvoir : un jet huileux et puant qui persiste des jours.

Si une moufette tourne son derrière dans ta direction et tape des pieds, sauve-toi!

Le goût est correct

Le grand-duc d'Amérique a un sens de l'odorat très peu développé. Pour lui, la moufette est un bon repas. Imagine la mauvaise haleine!

Il nous arrive tous de péter et ce gaz peut faire évacuer la salle. Un pet peut être silencieux, mais mortel. Un autre peut résonner comme une trompette. Si un aliment est difficile à digérer, il peut causer des gaz.

Réfléchis bien avant de prendre une deuxième portion de fèves au lard!

Un gaz horrible

Les pets contiennent un mélange de gaz comme le **méthane** et le dioxyde de carbone. Les œufs pourris, les volcans et les bassins chauds dans des endroits comme le parc national de Yellowstone dégagent des gaz contenant du soufre.

Une bouffée de certains fromages peut te lever le cœur. Des bactéries particulières donnent au fromage Limbourg l'odeur de pieds puants. Un autre fromage, le Stinking Bishop, dégage un arôme épouvantable.

Bien que délicieux, certains fromages sentent les vieux bas sales!

Les fromagers peuvent conserver le fromage dans des sous-sols frais et humides pour en rehausser l'odeur nauséabonde et le goût.

VOMI-O-RAMA

Maintenant, prépare-toi pour les odeurs qui empestent encore plus que toutes les autres. L'odeur de la nourriture en décomposition, des poubelles, des animaux et poissons morts peut faire vomir n'importe qui.

Bien que le durion ait un bon goût, certaines personnes trouvent qu'il sent la moisissure, les oignons pourris ou les égouts.

durion

Le chaud soleil sur un animal tué sur la route dégage une odeur fétide puissante.

Suis ton flair
Transportées de la toilette à l'usine de traitement des eaux usées, les eaux d'égout brutes ne sentent pas la rose.

Certains animaux et certaines plantes sentent les **cadavres** en décomposition et les excréments. Quand il est en danger, le perce-oreille des plages émet une substance par la bouche qui sent et qui goûte comme un corps pourrissant. Les prédateurs le recrachent immédiatement!

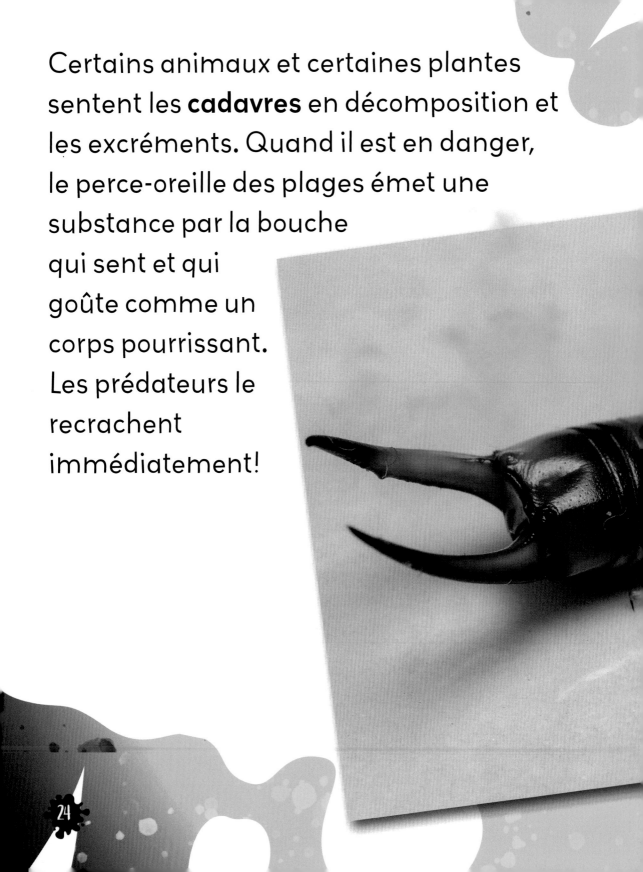

De la salive nauséabonde ou une vilaine pincette?
Ces insectes se défendent des deux côtés!

Certaines fleurs aussi ont l'odeur de cadavres et d'animaux en putréfaction. Cette odeur attire des insectes qui les **pollinisent** afin que la plante puisse produire des graines.

L'arum titan dégage des gaz qui sentent la viande pourrie pour attirer les mouches et les coléoptères.

BOUM

La soupe nauséabonde

Grâce à ses connaissances sur les pires odeurs au monde, une chercheuse militaire a créé une bombe puante universelle appelée Stench Soup (soupe nauséabonde).

Bien que les odeurs dégoûtantes nous fassent souhaiter que notre nez soit moins sensible, elles nous aident à explorer et à comprendre le monde.

Est-ce qu'on t'a déjà dit que tu étais difficile pendant un repas? C'est peut-être que ton sens de l'odorat est super puissant!

GLOSSAIRE

bactéries (bak-té-ri) : Organismes vivants microscopiques qui décomposent la nourriture et qui peuvent rendre malade

cadavres (ka-davr) : Corps de morts

eaux d'égout (o dé-gou) : Eau sale contenant des déchets d'origine humaine, y compris des excréments et de l'urine

levures (le-vur) : Un type de champignon unicellulaire commun qui peut causer la décomposition

méthane (mé-tann) : Un gaz commun qu'on trouve dans le gaz naturel et dans nos intestins

moisissure (moi-zi-ssur) : Un champignon qui décompose les matières végétales et animales

pollinisent (po-li-niz) : Transporter du pollen d'une plante à une autre afin qu'elles puissent former des graines

prédateurs (pré-da-teur) : Animaux qui chassent et mangent d'autres animaux

soufre (soufr) : Un produit chimique jaune commun qui peut produire des gaz nauséabonds

INDEX

SITES WEB À CONSULTER

www.amnh.org/explore/ology/microbiology

https://kidshealth.org/en/kids/nose.html

https://onekindplanet.org/top-10/
top-10-worlds-smelliest-animals

À PROPOS DE L'AUTRICE

Julie K. Lundgren

Julie K. Lundgren a grandi sur la rive nord du lac Supérieur, un endroit qui regorge de bois, d'eau et d'aventures. Elle adore les abeilles, les libellules, les vieux arbres et la science. Elle a une place spéciale dans son cœur pour les animaux dégoûtants et intéressants. Ses intérêts l'ont menée vers un diplôme en biologie et une curiosité sans bornes pour les lieux sauvages.

CRABTREE Publishing Company

Production : Blue Door Education pour Crabtree Publishing
Autrice : Julie K. Lundgren
Conception : Jennifer Dydyk
Révision : Tracy Nelson Maurer
Correctrice : Crystal Sikkens
Traduction : Annie Evearts
Coordinatrice à l'impression : Katherine Berti

Photo de la couverture © Ezume Images, claboussure sur la couverture et dans le livre © SpicyTruffel p. 4 © higyou, p. 5 (haut) © Matthew L Niemiller, (bas) © Krakenimages.com, p. 6 (garçon) © Lapina, (rat) © Irina999petrova, (éléphant) © Susan Schmitz, p. 7 (urubu à tête rouge) © corlaffra, (ours) © Petr Simon, (cobaye) © Tettania, (toilette sèche) © filippo giuliani, p. 8 © kwanchai.c, p. 9 (photo du haut) © Ambartsumian Valery, (pentatome) © Melinda Fawver, p. 10 (haut) © Burdun Iliya, (bas) © Andrey_Popov, p. 11 (haut) © Fevziie, (chaussettes) © Audrius Merfeldas, p. 12 (pain) © Kobzev Dmitry, (homme) © dragon_fang, p. 13 (fruit) © Jeeranan Thongpan, (viande) © Konmac, p. 14 (fille) © fizkes, (garçon) © DenisNata, p. 18 et 21 (gaz vert) © Tartila. Toutes les images proviennent de Shutterstock. com sauf p. 9 (bulles vertes) © Mironov Konstantin/istockphoto.com, p. 15 © Aleksandr Zotov/ istockphoto.com, p. 16 © GlobalP/istockphoto.com, p. 17(moufette) © Layne vanRhijn/istockphoto. com, (hibou) © Nsirlin | Dreamstime.com, p. 18 (fèves au lard) © BWFolsom/istock-photo.com, (garçon) © MangoStar_Studio/istockphoto.com, p. 19 (chien) © SeventyFour/istockphoto.com, (bassin chaud) © TalbotImages/istockphoto.com, p. 20 © MARHARYTA MARKO/istockphoto.com, p. 21 (haut) © RossHelen/istock-photo.com, (fromage seulement) © Yulia Buzaeva/istockphoto.com, p. 22 (photo du haut) © Jennifer Stratichuk/istockphoto. com, (photo du bas) © wisnu priyanggodo/istockphoto. com, (illustration) © sabelskaya/istockphoto.com, p. 23 (haut) © Svetlana Sarapultseva/istockphoto. com, (bas) © Koldunova_Anna/istockphoto.com, p. 24-25 © ViniSouza128/istockphoto.com, p. 26 (illustration de mouche) © bennyb/istockphoto.com, (photo) © trisno muji rahayu/ istockphoto.com, (illustration de bombe) © Viktor Kyselov/istockphoto.com, (nuages verts) © Mironov Konstantin/istock-photo.com, p. 28 © Alena Igdeeva/istockphoto.com, p. 29 © kwanchaichaiudom/istockphoto.com

Crabtree Publishing Company

www.crabtreebooks.com   1-800-387-7650

Publié aux États-Unis
Crabtree Publishing
347 Fifth Avenue
Suite 1402-145
New York, NY, 10016

Publié au Canada
Crabtree Publishing
616 Welland Ave.
St. Catharines, Ontario
L2M 5V6

Imprimé au Canada/112021/CPC

Catalogage avant publication de Bibliothèque et Archives Canada

Titre: Les odeurs repoussantes et dégoûtantes / Julie K. Lundgren.
Autres titres: Gross and disgusting smells. Français.
Noms: Lundgren, Julie K., auteur.
Description: Mention de collection: Les choses repoussantes et dégoûtantes | Les branches de Crabtree | Traduction de : Gross and disgusting smells. | Traduction : Annie Evearts. | Comprend un index.
Identifiants: Canadiana (livre imprimé) 20210359382 | Canadiana (livre numérique) 20210359447 | ISBN 9781039603196 (couverture souple) | ISBN 9781039603257 (HTML) | ISBN 9781039603318 (EPUB)
Vedettes-matière: RVM: Odeurs—Ouvrages pour la jeunesse. | RVM: Odeurs—Miscellanées—Ouvrages pour la jeunesse. | RVM: Odorat—Ouvrages pour la jeunesse. | RVM: Odorat—Miscellanées—Ouvrages pour la jeunesse. | RVMGF: Documents pour la jeunesse.
Classification: LCC QP458 .L8614 2022 | CDD j612.8/6—dc23